KIKI KAYE
ILLUSTRATIONS DE **PAUL XU**

LES ZOOMIES ET LEURS AMIS

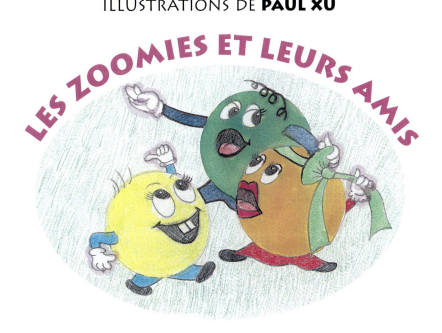

ISBN: 0-658-003399
Published by Laredo Publishing,
a division of NTC/Contemporary Publishing Group, Inc.
4255 West Touhy Avenue,
Lincolnwood (Chicago), Illinois 60712-1975 U.S.A.

Laredo Publishing

a division of NTC/Contemporary Publishing Group
Lincolnwood, IL USA

J'ai appris à sauter de mon ami

le kangourou.

J'ai appris à **peindre** de mon ami

le paon.

J'ai appris à grimper de mon ami

le singe.

J'ai appris à chanter de mon ami

le coq.

J'ai appris à lire de mon ami

le hibou.

J'ai appris à courir de mon ami

le cheval.

J'ai appris à **nager** de mon ami

le poisson.

J'ai appris à voler de mon ami

le pélican.

J'ai appris à rire de mon ami

l'hippopotame.

J'ai appris à manger de mon ami

l'éléphant.

J'ai appris à aimer de

maman et papa.

Les Zoomies et leurs amis
est dédié à
Julie